333 Scherzfragen für Kinder

Daniel Seiler

Impressum

Bibliografische Information der Deutschen Nationalbibliothek:
Die Deutsche Nationalbibliothek verzeichnet diese Publikation
in der Deutschen Nationalbibliografie; detaillierte
bibliografische Daten sind im Internet über http://dnb.dnb.de
abrufbar.

© 2022 Daniel Seiler

Herstellung und Verlag: BoD – Books on Demand,
Norderstedt

ISBN: 9783755759812

Einleitung

Scherzfragen sollen in erster Linie dazu dienen, dass Kinder "um die Ecke denken" und eben nicht nur einem bestimmten Denkmuster folgen. Dadurch wird ihr logisches Denken gefordert und es fällt in Zukunft leichter, auch schwierige Zusammenhänge zu verstehen.

Ein weiterer positiver Aspekt der Scherzfragen ist, dass ihr die Runde durch die lustigen Knobelaufgaben auflockern könnt. Wenn ihr beispielsweise warten oder allgemein die Zeit überbrücken müsst, könnt ihr einfach einige Scherzfragen stellen, welche die Kinder auf die Probe stellen. Gemeinsam sollen sie nämlich passend zu den Fragen eine Antwort und die richtige Lösung finden. Lasst den Rätselnden dadurch ausreichend Zeit und schaut, wie schnell sie auf die Lösung kommen, denn die folgenden Scherzfragen sind nicht immer leicht zu lösen, auch für Erwachsene nicht.

Die Scherzfragen

Wer könnte das sein, der immer mit zwei Löffel frisst?
Der Hase.

Es ist sowohl im Winter als auch im Sommer grün und erfreut zur Weihnachtszeit die Herzen der Menschen. Was bin ich?
Der Tannenbaum.

Ich bleibe immer im Haus, aber gehe dennoch stets aus. Wer bin ich?
Eine Schnecke.

Wer ihn wünscht, bekommt ihn nicht und wer ihn hat, der mag ihn nicht. Wer bin ich?
Der Hunger.

Welches kleine Tierchen trägt summend Honig nach Hause?
Die Biene.

Was ich ihn mir besitze schmeckt fein, doch mein Häuschen ist wie Stein. Wer bin ich?
Die Nuss.

Ich bestehe fast nur aus Löchern, aber halte doch. Was bin ich?
Eine Kette.

Was hat zwei Flügel, aber kann nicht fliegen und hat einen Rücken, aber kann nicht liegen?
Die Nase.

Es hängt am Strauch, hat eine rote Jacke an, hat Steinchen im Bauch und jeder kennt sie. Was ist es?
Die Hagebutte.

Was ist weiß wie Schnee und versinkt im Kaffee?
Der Zucker.

Leise schleiche ich durch das Haus, schlabbere gerne Milch und fange jede Maus. Wer bin ich?
Die Katze.

Welches ist das kürzeste Jahr?
Das Neujahr.

Was kann ohne Füße dennoch springen?
Der Springbrunnen.

Was ist der Anfang vom Ende und das Ende vom Ende?
Das e.

Gibt es eine Maus, die fliegen kann?
Ja, die Fledermaus.

Was war gestern und was ist morgen?
Heute.

Was hat Federn, aber kann nicht fliegen und Beine
aber kann nicht gehen?
Das Bett.

Welcher Abend fängt schon morgens an?
Der Sonnabend.

Kann man Wasser in einem Sieb tragen?
Ja, wenn es zu Eis gefriert.

Welche Zeit mag der Vielfraß am meisten?
Die Mahlzeit.

Was geht durch die Fensterscheiben, aber zerbricht sie
dennoch nicht?
Das Licht.

Welche Bilder kann man auch im Dunkeln sehen?
Traumbilder.

Gibt es einen Hut, der nicht auf den Kopf passt?
Ja, der Fingerhut.

Welche Uhr besitzt keine Zeiger?
Die Sanduhr.

Was hat vier Beine aber kann dennoch nicht laufen?
Der Tisch.

Welcher Kamm kann nicht kämmen?
Der des Hahns.

Welcher Vogel kann seinen Namen sagen?
Der Kuckuck.

Mal ist es heiß, mal ist es kalt und mal gefriert es zu
Eis. Was ist es?
Wasser.

Was kann gehen, obwohl es keine Füße hat?
Die Uhr.

Gibt es ein Pferd, welches keinen Hafer frisst?
Ja, das Seepferdchen.

Welcher Mann wird in der Sonne schmelzen?
Der Schneemann.

Was beißt alle Leute und hat viele Häute?
Die Zwiebel.

Welcher Pilz hat ganz viel Glück?
Der Glückspilz.

Welcher Hahn auf dem Bauernhof kann nicht krähen?
Der Wasserhahn.

Gibt es einen Stuhl, der keine Beine hat?
Ja, der Dachstuhl.

Wessen Hose ist nicht aus Stoff?
Die Windhose.

Wie nennt man einen Piraten, der sich nie die Zähne
putzt und sich wäscht?
Ein Meerschweinchen.

Was sucht sich eine Wolke, wenn es sie juckt?
Einen Wolkenkratzer.

Wie nennt man eine Anna, die nass wird?
"Annanass".

Welches Gemüse essen Vegetarier und Veganer nicht?
Die Fleischtomate.

Welche Bestellung gibt eine Maulwurffamilie im Restaurant auf?
Ein 5-Gänge-Menü.

Gibt es für ein U-Boot einen gefährlichen Tag?
Oh ja, Tag der offenen Tür.

Was ist der Lieblingsurlaubsort eines Skeletts?
Das Tote Meer.

Was sagt jemand, der von einer Dampfwalze überrollt wurde?
"Jetzt bin ich aber platt".

Welcher Tisch wird nicht vom Schreiner hergestellt?
(Tipp: Man kann ihn sogar essen.)
Der Nachtisch.

Was ist das stärkste Tier?
Die Schnecke, sie kann ihr eigenes Haus tragen.

Was hat keinen Mund aber viele Zähne?
Die Säge.

Was macht "Muh", steht im Wald und hat ein Geweih auf dem Kopf?
Ein Hirschbock, der eine Fremdsprache lernt.

Welches Brot kann nicht zum Frühstück gegessen werden?
Das Abendbrot.

Was ist bei der Maus groß und beim Kamel klein?
Das M.

Welcher Stuhl kann rauf und runter fahren?
Der Fahrstuhl.

Gibt es ein Tier, dass sich im Kaffee versteckt?
Ja, der Affe.

Welcher Kopf ist grün, hat keine Haare, keine Augen, keinen Mund, keine Nase und keine Ohren?
Der Kopfsalat.

Was passiert mit einem Stein, der in das Rote Meer geworfen wurde?
Er wird nass.

Welche Zahlen ergeben sowohl bei der Plus-Rechnung als auch bei der Mal-Rechnung dasselbe Ergebnis?
Die Zahlen 1, 2 und 3. (1+2+3=6 und 1x2x3=6)

Was hat vier Buchstaben, kann von Kindern geritten werden und fängt mit "Po" an?
Ein Pony.

Was macht "mmus, mmus, mmus", fliegt durch die Luft und ist klein?
Eine Biene im Rückwärtsgang.

Was behandelt ein Arzt und was wird von einem Mathelehrer berechnet?
Ein Bruch.

Welche Schlange hat keine Giftzähne und beißt nicht?
Die Luftschlange.

Was kann nicht auf Bäume klettern und ist gelb?
Ein Postauto.

Es läuft aber hat keine Füße. Was ist es?
Die Nase.

Warum springt ein Frosch in den Gartenteich bei Regen?
Damit er nicht nass wird.

Was sagt ein großer zum kleinen Stift?
"Wachs-mal-stift".

Wie mögen die Kinder ihre Schule am liebsten?
Geschlossen.

Was macht ein Pirat am PC am liebsten?
Die Enter-Taste drücken.

Was schrie der Luftballon, bevor er platze?
"Achtung, Kaktus!"

Welchen Fall kann weder ein Detektiv noch eine
Detektivin niemals lösen?
Den Wasserfall.

Was müsst ihr tun, um aus einer Eisenbahn
auszusteigen?
Vorher einsteigen.

Wo geht man durch nur ein Loch herein, aber durch
zwei wieder raus?
Eine Hose.

Was kann ohne Mund sprechen und ohne Ohren
hören und dabei auf alle Sprachen antworten?
Das Echo.

Was wird beim Abtrocknen nass?
Das Handtuch.

Wie nennt man die Steigerung der Buchstabensuppe?
Einen Wörtersee.

Was hat kein Wasser, aber Ozeane?
Ein Globus.

Wie kann man es schaffen, auf dem Wasser zu laufen?
Bis zum Winter warten, bis es gefriert.

Wie oft kann man von der 15 die 1 abziehen?
Nur einmal, danach ist es ja die 14.

Welche Vögel können keine Eier legen?
Die männlichen Vögel.

Welcher Zug bietet nur Platz für eine Person?
Der Anzug.

Was kann nicht mit Worten ausgedrückt werden?
Einen Schwamm.

Welches Spiel kann man nicht spielen?
Das Beispiel.

Welche Haarfarbe hatten die alten Römer?
Grau und weiß.

Warum hat es ein Bäcker schwerer als ein Teppich?
Der Bäcker muss früh aufstehen, während der Teppich
liegen bleiben kann.

Welche Brille trägt man nicht auf der Nase?
Die Klobrille.

Welchen Grund hat es, dass Eisbären die Pinguine
nicht fressen?
Pinguine leben am Südpol und Eisbären am Nordpol.

Welchen Apfel sollte man nicht essen?
Den Pferdeapfel.

Was setzt ein Gärtner als Erstes in den Garten?
Den Fuß.

Gibt es Kunden, die nicht bedient werden können?
Ja, die Sekunden.

Ein Segelflugzeug stürzt zwischen Deutschland Belgien
ab. Wer erhält den Motor?
Niemand, es gibt keinen Motor.

Was wird größer, wenn davon etwas weggenommen
wird?
Ein Loch.

Warum fliegen die Vögel im Winter in den Süden?
Weil es zum Laufen viel zu weit ist.

Wer wird niemals etwas sagen, kann aber alles hören?
Das Ohr.

Wo sitzen Kinder, wenn sie in die Schule gehen?
Nirgendwo, sie gehen ja noch.

Wie viele Seiten besitzt ein Kreis?
Eine Innen- und eine Außenseite, also zwei.

Du hast in jeder Hand vier Äpfel. Was hast du dann?
Sehr große Hände.

Welches Tier braucht am wenigsten zu essen?
Motten, sie fressen nur Löcher.

Worin unterscheiden sich ein Arzt und ein Einbrecher?
Der Einbrecher muss dich nicht untersuchen, um zu
wissen, was dir fehlt.

Kennt ihr das Gegenteil vom "Reformhaus"?
Rehbock hinterm Haus.

Wer kann unendlich viel Eisen essen, ohne das ihm
schlecht wird?
Der Rost.

Was ist vor dem Baden sauber und hinterher dreckig?
Das Badewasser.

Wo liegt Silvester vor Weihnachten?
Im Wörterbuch.

Wie oft konnte Noah angeln, als er auf der Arche war?
Er hatte nur zwei Würmer, also zwei Mal.

Welche Marke an Taschentücher wird eine beamte
Person nie benutzen?
Tempo.

Wie heißt ein Reh mit Vornamen?
Kartoffelpü.

Was ist das bestgelaunteste Gemüse?
Die Kichererbsen.

Was kann mehrstimmig singen und hat sechs Füße?
Ein Gesangstrio.

Wie viele Monate besitzen 28 Tage?
Alle, aber manche auch mehr.

Gibt es einen Baum ohne Wurzeln?
Ja, der Purzelbaum.

Womit fängt ein Laster an?
Die Stoßstange.

Warum ist es illegal, eine Person aus München in Berlin zu begraben?
Weil man niemanden lebendig begraben darf.

Welche Finger verdienen Schläge?
Langfinger.

Was bleibt immer in der Ecke, aber reist dennoch durch die Welt?
Die Briefmarke.

Welches Tier kann sich noch um sich selbst drehen, obwohl es tot ist?
Das Brathähnchen.

Welche Nägel werden nicht zum Hämmern benutzt?
Die Fingernägel.

Wer verdient Geld, obwohl er keinen Tag arbeitet?
Nachtwächter und Nachtwächterinnen.

In welche Gläser sollte man keine Getränke eingießen?
In volle Gläser.

Wann ist jeder Mensch gern allein?
Wenn er erbt.

Zu welchem Zeitpunkt fällt Menschen das Abnehmen am leichtesten?
Wenn das Handy klingelt.

Wer riecht, obwohl er keine Nase besitzt?
Der Käse.

Welchen Platz machst du, wenn du bei einem Marathon den Zweiten überholst?
Den Zweiten, weil du den Ersten nicht überholt hast.

Welche Gruppe gilt als besonders arm?
Radfahrer, sie müssen sogar Luft pumpen.

Was ist richtig: Der/ Die/ oder Das gerade Kurve?
Keine, es gibt keine gerade Kurve.

Was ergibt sieben mal sieben?
Feiner Sand.

Welcher Peter macht am meisten Lärm?
Der Trompeter.

Was macht ein Eskimo auf einer abgetriebenen Eisscholle?
Frieren.

Warum baut man neue Wohnungen?
Weil man alte Wohnungen nicht bauen kann.

Wo liegt die Grenze zwischen Italien und Deutschland?
Nirgends, es gibt keine direkte Grenze zwischen diesen
Ländern.

Wer wird nie nass, obwohl er immer mit dir baden
geht?
Dein Schatten.

Was mögen Schwimmer und Katzen gleich gern?
Das Kraulen.

Was macht der DJ, wenn man ihn anruft?
Auflegen.

Was sitzt auf dem Baum und ruft "Aha"?
Ein Uhu mit Sprachfehler.

Was ist sauer, grün und versteckt sich vor der Polizei?
Ein Essigschurke.

Wo wohnt eine Katze am liebsten?
Im Mietzhaus.

Wie bekommt man einen Elefanten in den Kühlschrank?
Kühlschranktür auf, Elefant rein, Kühlschranktür zu.

Wie bekommt man eine Giraffe in den Kühlschrank?
Kühlschranktür auf, Elefant raus, Giraffe rein, Kühlschranktür zu.

Was hat einen Sprachfehler und liegt am Strand?
Eine Nuschel.

Was hat einen Sprachfehler, liegt am Strand und ist schlecht gelaunt?
Eine Miesnuschel.

Warum summt eine Biene?
Weil sie den Text nicht kann.

Wieso kann man eine Maus nicht melken?
Weil man den Eimer nicht unter sie stellen kann.

Warum blubbert das Wasser, wenn man Nudeln darin kocht?
Weil die Nudeln alle pupsen.

Warum sieht man keine Kängurus an Bahnhöfen?
Weil sie vor Taschendieben Angst haben.

Worin liegt der Unterschied zwischen einer Rolle Klopapier und einem Auto?
Das Auto kann man auch gebraucht kaufen.

Warum sind Fische glitschig?
Damit sie beim Schwimmen von Kurven nicht quietschen.

Wie schafft es eine Ameise über den Fluss?
Sie nimmt das "A" weg und fliegt rüber.

Wer trägt eine Brille, aber kann dennoch nicht sehen?
Die Nase.

Was ist ein Keks unter einem Baum?
Ein schattiges Plätzchen.

Wer kommt bereits mit grauen Haaren zur Welt?
Der Esel.

Was gehört dir, wird aber ständig von anderen benutzt?
Dein Name.

Woher weiß man bei einem Wurm, wo der Kopf ist?
Man kitzelt ihn und schaut, wo er grinst.

Warum überquerte Adele die Straße?
Damit sie "Hello from the other side" sagen konnte.

Was ist schlimmer als arm dran?
Arm ab.

Was sind die teuersten Tomaten?
Die Geldautomaten.

Womit backen Schlümpfe?
Mit Garga-Mehl.

Warum ist der Eisbär weiß?
Wenn er rot wäre, würde er Erdbeere heißen.

Was hüpft durchs Gras und raucht?
Ein Kaminchen.

Welches Huhn legt keine Eier?
Das Suppenhuhn.

Welcher Hase springt nicht über den hohen Zaun?
Der Angsthase.

Welches Ergebnis erhält man, wenn man eine Zitrone
und einen Dinosaurier kreuzt?
Ein Dinosauer.

Wohin geht ein mit Haarausfall geplagtes Reh?
In die Reh-Haar-Klinik.

In welcher Schule lernt man nichts?
In der Baumschule.

Wohin geht ein Mathelehrer, dem kalt ist?
In die Ecke, dort sind immer 90 Grad.

Was steht auf dem Grabstein eines Lehrers?
Schulfrei!

Was ist schwarz, weiß und rot?
Ein Zebra mit Sonnenbrand.

Was trinken Roboter am liebsten?
Schraubensaft.

Was klopft an der Tür und ist grün?
Der Klopfsalat.

Was ist unsichtbar und riecht nach einem Kaninchen?
Ein Kaninchenpups.

Was schläft und steht am Straßenrand?
Die Pennessel.

Wie nennt man einen Cowboy ohne Pferd?
Sattelschlepper.

Welche Birne wird niemals faul?
Die Glühbirne.

Welche Watte kann man essen?
Zuckerwatte.

Welches Obst wird zuerst gelesen und dann erst
gegessen?
Die Weintrauben.

Mit welcher Gabel kann man nicht essen?
Mit der Fahrradgabel.

Auf welcher Tafel kann man nicht schreiben?
Auf der Schokoladentafel.

In welcher Küche wird nicht gekocht?
In der Gerüchteküche.

Welche Milch ist das Gegenteil von schlank?
Die Dickmilch.

Welchen Kuchen kann man nicht essen?
Den Pustekuchen.

Wer lebt von der Hand in den Mund?
Der Zahnarzt.

Mit welcher Leiter kann die Feuerwehr nichts
anfangen?
Mit der Tonleiter.

Welche Leute leben vom Rauch?
Die Schornsteinfeger.

Welche Enten trinken gerne Bier?
Die Studenten.

Welche Schrift muss jeder Postbote lesen können?
Die Anschrift.

Was macht eine Reinigungskraft in der Wüste?
Staubsaugen.

Welche Pillen kann kein Arzt verordnen?
Die Pupillen.

Welches Fieber kann man nicht messen?
Lampenfieber.

Warum können Skelette so schlecht lügen?
Weil sie leicht zu durchschauen sind.

Bei welcher Frage kann niemand mit "Ja" antworten?
"Schläfst du schon?"

Welches Ohr kann nichts hören?
Das Eselsohr.

Welcher Arm macht den meisten Lärm?
Der Alarm.

Was kann man sehen, aber nicht greifen?
Den Nebel.

Welche Rosen welken nicht?
Die Matrosen.

Was brennt Tag und Nacht, ohne selbst zu
verbrennen?
Die Brennnessel.

Was geht über einen Fluss aber wird dennoch nicht
nass?
Die Brücke.

Wer nimmt ab und zu und ab und zu?
Der Mond.
Welcher Stock eignet sich nicht zum Wandern?
Der Schraubstock.

Welches Laub fällt nicht vom Baum?
Der Urlaub.

Welches Tier fährt über die Straße?
Der Jaguar.

Welche Drossel besitzt keine Federn?
Die Schnapsdrossel.

Welche Hunde treten zur Weltmeisterschaft an?
Die Boxer.

Auf welchem Pferd reitet niemand?
Auf dem Steckenpferd.

Welcher Vogel ist oft traurig?
Der Pechvogel.

Kennt ihr den stärksten Kater der Welt?
Der Muskelkater.

Welches Schwein steht nicht im Stall?
Das Sparschwein.

Welche Bahn fährt nicht auf Gleisen?
Die Autobahn.

Welche Hupe macht keinen Lärm?
Die Lichthupe.

Auf welcher Straße ist noch niemand gefahren?
Auf der Milchstraße.

Für welchen Bus braucht man keinen, der fährt?
Für den Globus.

Welcher Zug kann nicht zum Fahren genutzt werden?
Der Durchzug.

Welche Schule wird nicht von Kindern besucht?
Die Fahrschule.

Welcher Roller hat keine Räder?
Der Deo-Roller.

Welcher Hafen beherbergt keine Schiffe?
Der Flughafen.

Welche Person wirft mit Geld gerne um sich?
Der Scheinwerfer.

Welcher Sinn hat keinen Sinn?
Der Unsinn.

Wie viele Geburtstage hat der Mensch im
Durchschnitt?
Einen einzigen.

Was ist der größte Albtraum eines jeden Luftballons?
Die Platzangst.

Welcher Bus überquerte als Erstes den ganzen Ozean?
Christoph Kolumbus.

Welche Nation besitzt keinen einzigen Bürger?
Die Kombination.

Welches Kino braucht keine Sitzplätze?
Das Daumenkino.

Welche Kehle bringt keinen einzigen Ton heraus?
Die Kniekehle.

Was hat 21 Augen aber kann dennoch nicht sehen?
Der Würfel.

Auf welchem Pferd kann man nicht reiten?
Auf dem Seepferdchen.

Was können alle Kinder machen, was aber niemand sehen kann?
Lärm.

Welcher Löwe kann besonders gut schwimmen?
Der Seelöwe.

Wer kann höher springen als der Eiffelturm?
Alle, denn der Eiffelturm kann nicht springen.

Warum wird in England das Heu nicht gemäht?
Weil das Gras gemäht wird, welches dann erst zu Heu wird.

Welcher Spiegel kann nicht geputzt werden?
Der Meeresspiegel.

Wo weht immer Nordwind?
Am Südpol.

Was war am 06.12.1972 in Berlin?
Nikolaustag.

Wann sagt ein Chinese "Guten Tag"?
Wenn er deutsch spricht.

Wie sprechen die Griechen am Wochenende über das Wetter?
Auf Griechisch.

Wann werden die meisten Menschen in Chile geboren?
Nach neun Monaten.

Wo geht man rein und nach genau einem Jahr wieder raus?
Aus dem Kalenderjahr.

Wer ist nie zu sehen, kommt am Abend und geht erst am Morgen wieder?
Der Schlaf.

Wie lange lebte Till Eulenspiegel?
Solange, bis er starb.

Womit hört die Nacht auf und fängt der Tag an?
Mit "t".

Welches Jahr hat nur 3 ganze Monate?
Das Frühjahr.

Wohin geht man, wenn man gerade 6 Jahre alt ist?
Ins 7. Lebensjahr.

Wieso kann es nicht zwei Tage direkt hintereinander regnen?
Weil die Nacht dazwischen ist.

Welches Tier konnte die Sintflut überleben, obwohl es nicht auf der Arche Noah war?
Der Fisch.

Wo wächst der beste Wein?
Der Wein wächst nicht, sondern die Weintrauben.

Wo liegt die Ente am wärmsten?
Im Backofen.

Zehn Krähen sitzen auf einem Ast und drei von ihnen werden erschossen, wie viele bleiben sitzen?
Keine, da natürlich alle wegfliegen.

Welches Tier feiert ein Leben lang Geburtstag?
Die Eintagsfliege.

Welchen Wolf wird man niemals heulen hören?
Den Fleischwolf.

Was hat vier Beine und fällt deshalb um?
Eine halbe Spinne.

Wann sollte man ein Baby mit der Milch eines Tigers füttern?
Wenn es sich um ein Tigerbaby handelt.

Welche Affen haben die längsten Hälse?
Die Giraffen.

Welcher Strauch hält nicht, was er verspricht?
Der Goldregen.

Aus welchem Becher könnt ihr nicht trinken?
Aus dem Märzenbecher.

Was ist rot und liegt vor dem Teich?
Ein Frosch mit Sonnenbrand.

Welches Glöckchen kann nicht läuten?
Das Schneeglöckchen.

Welcher Mann hat zwei Raubtiere im Gesicht?
Ein Bärtiger (Bär und Tiger).

Was ist der höflichste Fisch?
Der Bückling.

Was hat vier Beine und kann fliegen?
Zwei Vögel.

Was geht immer wieder um den Baum herum, ohne Müde zu werden?
Die Rinde.

Womit macht man einen Tiger sauber?
Mit Lebensgefahr.

Welches Blatt wird nicht von einem Baum fallen?
Notenblatt/ Sägeblatt/ Ein Blatt Papier.

Welcher Zahn wird dich nicht beißen?
Der Löwenzahn.

In welchem Wald wird kein Laub wachsen können?
Im Nadelwald.

Welche Mutter hat keine Kinder?
Die Schraubenmutter.

Welche Frucht besitzt keinen Mut?
Die Feige.

Welches Pflaster gehört nicht auf eine Wunde?
Das Straßenpflaster.

Worin unterscheiden sich ein Pferd und ein Blitz?
Das Pferd schlägt aus und der Blitz schlägt ein.

Was ist flüssiger als Wasser?
Hausaufgaben, denn die sind überflüssig.

Mit welcher Frage wird man niemals mit "Nein"
antworten?
"Hörst du mich?"

Was kann man nicht in die rechte Hand nehmen?
Die rechte Hand.

Mit welchem Schlüssel kann man keine Tür öffnen?
Mit dem Violinschlüssel.

Welcher Berg wächst am schnellsten?
Der Schuldenberg.

Wer weiß am besten von allen, was den Leuten fehlt?
Der Dieb.

Welches Wasser wird nicht gefrieren können?
Das kochende Wasser.

Welcher Ring ist nicht rund, aber dennoch ein Ring?
Der Boxring.

Welches Wort wird immer "Falsch" geschrieben?
Na ganz einfach, "Falsch".

Wie viele Leitern benötigt man, um von der Erde auf den Mond zu gelangen?
Eine, sollte sie nur lange genug sein.

Aus welchen Gläsern ist es nicht möglich etwas zu trinken?
Aus Brillengläsern.

Was will jeder von uns werden aber keiner sein?
Alt.

Wie viele Gebote holte Noah vom Berg Sinai?
Das war doch nicht Noah, sondern Moses!

Ist es erlaubt, dass die Frau den Bruder ihres eigenen Witwers heiratet?
Das geht nicht, weil sie tot ist.

Was ist zwanzig Kilometer lang, liegt in der Wüste und ist weiß und schwarz zu gleich?
Ein weißer Faden mit seinem Schatten.

Was liegt in der Mitte von Rom?
Das "o".

Vor wem muss jede Person den Hut ziehen?
Vor dem Friseur und der Friseurin.

Welcher Bart kann nicht gestutzt werden?
Der Schlüsselbart.

Wann darf ein Bauer lügen, ohne Ärger dafür zu
bekommen?
Wenn ein "pf" davor steht. (Pflügen)

Wo wird zur heutigen Zeit noch ein Kaiser gekrönt?
Auf dem Kopf.

Mit welchem Sack kann man nichts tragen und
transportieren?
Im Dudelsack.

Fast ist schon ewig fertig und wird doch täglich immer
wieder gemacht?
Ein Bett.

Welches Gewicht will niemand verlieren?
Das Gleichgewicht.

Welches Bett ist im Winter kalt und nass und man
möchte nicht darin schlafen?
Das Flussbett.

Welcher König besitzt kein Land und kein Gefolge?
Der Zaunkönig.

Was wünscht sich jeder, nur um es dann wieder herzugeben?
Eine Menge Geld.

Welcher Bogen kann nicht gespannt werden?
Der Regenbogen.

Warum sollte ein Räuber sich immer umsehen, wenn er von der Polizei verfolgt wird?
Weil er hinten keine Augen hat.

Gibt es einen Richter, der niemanden ins Gefängnis schicken kann?
Ja, den Schiedsrichter.

Wenn eine halbe Glatze 500 Haare hat, wie viele Haare hat dann eine ganze Glatze?
Keine.

Du bist meine Tochter, aber ich bin nicht deine Mutter. Wer bin ich?
Der Vater.

Was liegt zwischen Wiese und Wald?
Das "und".

Was wird nie müde, obwohl es immerzu im Bett liegt?
Das Bettzeug.

Eine Großmutter will fünf Äpfel gleichgerecht unter ihre vier Enkelkinder aufteilen. Wie macht sie das?
Sie kocht Apfelmus daraus.

Was macht das Rätselraten so gefährlich?
Das man sich dabei den Kopf zerbrechen kann.

Gibt es eine oder mehrere Zahlen zwischen 1 und 100, die immer gleich bleibt, egal wie man sie auch dreht?
Ja, die 69 und die 96.

Ein Mann hat sechs Töchter und jede Tochter hat einen Bruder. Wie viele Kinder hat der Mann?
7.

In welchem Garten muss man nicht zwingend gießen?
Im Kindergarten.

Bei welcher Taufe braucht man keine Personen, die getauft werden?
Bei der Schiffstaufe.

Welche Teller sind nicht zerbrechlich?
Der Handteller.

Aus welchen Fässern wird man kein Bier zapfen können?
Aus Weinfässern.

Welche Schläge braucht ein Mensch, um zu überleben?
Die Herzschläge.

Wie lange kann ein Auto fahren?
Bis der Sprit irgendwann leer ist.

Du bist in einem kalten, dunklen Raum und vor dir liegen ein Streichholz und ein Ölofen und eine Öllampe. Was zündest du zuerst an?
Das Streichholz.

Was wiegt ein bärtiger Obsthändler, der 55 Jahre alt und 1,65 Meter groß ist?
Obst.

Was haben Regenschirme und Geburtstage gemeinsam?
Die Gefahr das sie vergessen werden, ist sehr hoch.

Wer ist noch vor der Polizei an einem Tatort?
Der Täter.

Wie begegnen sich zwei Päpste bei einem offiziellen Empfang?
Gar nicht, es gibt immer nur einen Papst.

Was stört beim Essen und beim Schlafen und ist weiß?
Eine Lawine.

Wer wird das Leben immer in vollen Zügen genießen?
Ein Zugschaffner.

Wenn man 40 Leute benötigt, um eine Villa in 10 Monaten zu bauen, wie lange dauert es dieselbe Villa mit nur 20 Leuten zu bauen?
Keine Sekunde, die Villa ist ja schon gebaut.

Welche Sprache werdet ihr niemals zu hören bekommen?
Die Zeichensprache.

Worauf schläft man, sitzt man und putzt sich die Zähne?
Ein Bett, ein Stuhl und eine Zahnbürste.

Welche Mühle benötigt keinen Bach?
Die Kaffeemühle.

Was ist schwarzweiß gestreift und kommt nicht vom Fleck?
Ein Klebra.

Wer mich isst, wird von meinem Absender gefressen.
Wer bin ich?
Ein Anglerhaken.

Wieso hat der Trainer eines Fußballvereins seiner Mannschaft ein Fahrrad geschenkt?
Damit sie das aufsteigen lernen.

Wie nennt man einen hitzköpfigen Delfin?
Ausflipper.

Wer trägt den Pelz sogar im Bett?
Der Faulpelz.

Mit welchem Ball kann man nicht spielen?
Dem Erdball.

Welcher Brille ist heiß und schwitzt am meisten von allen?
Die Schweißbrille.

Wer reist ständig kostenlos um die ganze Erde?
Der Mond.

Wer hat Hühneraugen am Kopf anstatt den Füßen?
Hühner natürlich.

Was ist wärmer als eine dicke Winterjacke?
Zwei dicke Winterjacken.

Welcher Hund mag keine Knochen?
Der Seehund.

Wie vermehren sich Igel?
Sehr sehr vorsichtig.

Welche Nudeln spielen Musik und berichten die
Nachrichten?
Die Radioli (von Ravioli).

Was bekommt man, wenn man ein DIN-A4-Blatt in
ganz viele kleine Teile zerreißt?
Konfetti.

Warum fressen schwarze Schafe weniger als weiße
Schafe?
Weil es mehr weiße Schafe gibt.

Wer hat ein rußiges Gesicht und schneidet Grimassen?
Aschenblödel.

Welchen Stern findet man nicht am Himmel?
Den Seestern.

Welche Schlange sieht man manchmal auf der Straße?
Die Autoschlange.

Was piepst beim Brand im Gemüseladen?
Der Lauchmelder.

Was sagt der Teenager im Klamottenladen?
"Kann ich die Klamotten umtauschen, falls sie meinen
Eltern gefallen?"

Warum kann Frankenstein nicht mit dem Flugzeug
fliegen?
Weil er nicht am Metalldetektor vorbeikommt.

Welche Durchsage macht ein erkälteter Astronaut?
"Husten, wir haben ein Problem!"